清·吴敬梓著

儒林外史

九册

黄山書社

儒林外史第三十七回

祭先聖南京修禮　送孝子西蜀尋親

話說虞博士出來會了這幾個人大家見禮坐下遲衡山道晚生們今日特來泰伯祠大祭商議主祭之人公中說祭的是大聖人必要个賢者主祭方爲不愧所以特來公請老先生虞博士道先生這个議論我怎麼敢當只是禮樂大事自然也願觀光請問定在幾時遲衡山道四月初一日先一日就請老先生到來祠中齋戒

一宿以便行禮虞博士應諾了拿茶與衆位喫喫過衆人辭了出來一齊到杜少卿河房裏坐下遲衡山道我們司事的人只怕還不足杜少卿道恰好敝縣來了一个敝友便請出臧荼與衆位相見一齊作了揖遲衡山道將來大祭也要借先生的光臧蓼齋道願觀盛典說罷作別去了到三月二十九日遲衡山約齊杜儀馬靜季萑金東崖盧華士辛東之蘧來旬余夔盧德虞感祁諸葛祐景本蕙郭鐵筆蕭鼎儲信伊昭季

恬逸金寓劉宗姬武書藏茶一齊出了南門隨
即莊尚志也到了衆人看那泰伯祠時幾十層
高坡上去一座大門左邊是省牲之所大門過
去一个大天井又幾十層高坡上去三座門進
去一座丹墀左右兩廊奉着從祀歷代先賢神
位中間是五間大殿殿上泰伯神位面前供桌
香爐燭臺殿後又一个丹墀五間大樓左右兩
傍一邊三間書房衆人進了大門見高懸着金
字一匾泰伯之祠從二門進東角門走循着東

廊一路走過大殿抬頭看樓上懸着金字一匾
習禮樓三个大字衆人在東邊書房內坐了一
會遲衡山同馬靜武書蘧來旬開了樓門同上
樓去將樂器搬下樓來堂上的擺在堂上堂下
的擺在堂下堂上安了祝版香案傍樹了麾堂
下樹了庭燎二門傍擺了盥盆盥帨金次福鮑
廷璽兩人領了一班司球的司琴的司瑟的司
管的司鼗鼓的司柷的司敔的司笙的司鏞的
司簫的司編鐘的司編磬的和六六三十六个

佾舞的孩子進來見了衆人遲衡山把籥翟交與這些孩子下午時分虞博士到了莊紹光遲衡山馬純上杜少卿迎了進來吃過了茶換了公服四位迎到省牲所去省了牲衆人都在兩邊書房裏齋宿次日五鼓把祠門大開了衆人起來堂上堂下門裏門外兩廊都點了燈燭庭燎也點起來遲衡山先請主祭的博士虞老先生亞獻的徵君莊老先生請到三獻的衆人推讓說道不是遲先生就是杜先生遲衡山道我

兩人要做引贊馬先生係浙江人請馬純上先生三獻馬二先生再三不敢當衆人扶住了馬二先生同二位老先生一處遲衡山杜少卿先引這三位老先生出去到省牲所拱立遲衡山杜少卿回來請金東崖先生大贊請武書先生司麾請臧荼先生司祝請季萑先生辛東之先生余夔先生司尊請蘧來旬先生盧德先生虞感祁先生司玉請諸葛祐先生景本蕙先生郭鐵筆先生司帛請蕭鼎先生儲信先生伊昭先

生司稷請季恬逸先生金寓劉先生宗姬先生
司饌請完了盧華士跟着大贊金東崖先生將
諸位一齊請出二門外當下祭鼓發了三通金
次福鮑廷璽兩人領着一班司球的司琴的司
瑟的司管的司鼗鼓的司柷的司敔的司笙的
司鏞的司簫的司編鐘的司編磬的和六六三
十六個佾舞的孩子都立在堂上堂下金東崖
先進來到堂上盧華士跟着金東崖站定贊道
執事者各司其事這些司樂的都將樂器拿在

手裏金東崖贊排班司麾的武書引着司尊的
季萑辛東之余夔司玉的蘧來旬盧德虞感祁
司帛的諸葛祐景本蕙郭鐵筆入了位立在丹
墀東邊引司祝的臧荼上殿立在祝版跟前引
司稷的蕭鼎儲信伊昭司饌的季恬逸金寓劉
宗姬入了位立在丹墀西邊武書捧了麾也立
在西邊衆人下金東崖贊奏樂堂上堂下樂聲
俱起金東崖贊迎神遲均杜儀各棒香燭向門
外躬身迎接金東崖贊樂止堂上堂下一齊止

了金東崖贊分獻者就位遲均杜儀出去引莊徵君馬純上進來立在丹墀裏拜位左邊金東崖贊主祭者就位遲均杜儀出去引虞博士上來立在丹墀裏拜位中間遲均杜儀一左一右立在丹墀裏香案傍遲均贊盥洗同杜儀引主祭者盥洗了上來遲均贊主祭者詣香案前香案上一个沈香筒裏邊插着許多紅旂杜儀抽一枝紅旂在手上有奏樂二字虞博士走上香案前遲均贊跪升香灌地拜興拜興拜興拜興復位杜儀又抽出一枝旂來樂止金東崖贊奏樂神之樂金次福領着堂上的樂工奏起樂來奏了一會樂止金東崖贊行初獻禮盧華士在殿裏抱出一个牌子來上寫初獻二字遲均杜儀引着主祭的虞博士武書持麾在遲均前走三人從丹墀東邊走引司尊的季萑司玉的蘧來旬司帛的諸葛祐一路同走引着主祭的從上面走走過西邊引司稷的蕭鼎司饌的季恬逸引着主祭的從兩邊下來在香案前轉過

東邊上去進到大殿遲均杜儀立于香案左右季萑捧着尊蘧來旬捧着玉諸葛祐捧着帛立在左邊蕭鼎捧着稷季恬逸捧着饌立在右邊遲均贊就位跪虞博士跪于香案前遲均贊獻酒季萑跪着遞與虞博士獻上去遲均贊獻玉蘧來旬跪着遞與虞博士獻上去遲均贊獻帛諸葛祐跪着遞與虞博士獻上去遲均贊獻稷蕭鼎跪着遞與虞博士獻上去遲均贊獻饌季恬逸跪着遞與虞博士獻上去獻畢執事者退

了下來遲均贊拜興拜興拜興拜興金東崖贊一奏至德之章舞至德之容堂上樂細細奏了起來那三十六个孩子手持籥翟齊上來舞樂舞已畢金東崖贊堦下與祭者皆跪讀祝文臧荼跪在祝板前將祝文讀了金東崖贊退班遲均贊平身復位武書遲均杜儀季萑蘧來旬諸葛祐蕭鼎季恬逸引着主祭的虞博士從西邊一路走了下來虞博士復歸主位執事的都復了原位金東崖贊行亞獻禮盧華士又走進殿

裹去抱出一個牌子來上寫亞獻二字遲均杜儀引着亞獻的莊徵君到香案前遲均贊盥洗同杜儀引着莊徵君盥洗了回來武書持麾在遲均前走三人從丹墀東邊走引司尊的辛東之司玉的盧德司帛的景本蕙一路同走引着亞獻的從上面走走過西邊引司稷的儲信司饌的金寓劉引着亞獻的又從西邊下來在香案前轉過東邊上去進到大殿遲均杜儀立於香案左右辛東之捧着尊盧德捧着玉景本蕙

捧着帛立在左邊儲信捧着稷金寓劉捧着饌立在右邊遲均贊就位跪莊徵君跪于香案前遲均贊獻酒辛東之跪着遞與莊徵君獻上去遲均贊獻玉盧德跪着遞與莊徵君獻上去遲均贊獻帛景本蕙跪着遞與莊徵君獻上去遲均贊獻稷儲信跪着遞與莊徵君獻上去遲均贊獻饌金寓劉跪着遞與莊徵君獻上去各獻畢執事者退了下來遲均贊拜興拜興拜興拜興金東崖贊一奏至德之章舞至德之容堂上樂

細細奏了起來那三十六個孩子手持籥翟齊上來舞樂舞已畢金東崖贊退班遲均贊平身復位武書遲均杜儀辛東之盧德景本蕙儲信金寓劉引着亞獻的莊徵君從西邊一路走了下來莊徵君復歸了亞獻位執事的都復了原位金東崖贊行終獻禮盧華士又走進殿裏去抱出一個牌子上寫終獻二字遲均杜儀引着終獻的馬二先生到香案前遲均贊盥洗同杜儀引着馬二先生盥洗了回來武書持麾在遲均前走三人從丹墀東邊走引司尊的余夔司玉的虞感祁司帛的郭鐵筆一路同走引着終獻的從上面走走過西邊引司稷的伊照司饌的宗姬引着終獻的又從西邊下來在香案前轉過東邊上去進到大殿遲均杜儀立于香案左右余夔捧着尊虞感祁捧着玉郭鐵筆捧着帛立在左邊伊昭捧着稷宗姬捧着饌立在右邊遲均贊就位跪馬二先生跪於香案前遲均贊獻酒余夔跪着遞與馬二先生獻上去遲均

贊獻玉虞感祁跪着遞與馬二先生獻上去遲均贊獻帛郭鐵筆遞與馬二先生獻上去遲均贊獻稷伊昭跪著遞與馬二先生獻上去遲均贊獻饌宗姬跪着遞與馬二先生獻上去獻畢執事者退了下來遲均贊拜興拜興拜興拜興金東崖贊三奏至德之章舞至德之容堂上樂細細奏了起來那三十六个孩子手持籥翟齊上來舞樂舞已畢金東崖贊退班遲均贊平身復位武書遲均杜儀余夔虞感祁郭鐵筆伊昭宗姬引着終獻的馬二先生從西邊一路走了下來馬二先生復歸了終獻位執事的都復了原位金東崖贊行侑食之禮遲均杜儀又從主祭位上引虞博士從東邊上來香案前跪下金東崖贊奏樂堂上堂下樂聲一齊大作樂止遲均贊拜興拜興拜興拜興平身金東崖贊退班遲均杜儀引虞博士從西邊走下去復了主祭的位遲均杜儀也復了引贊的位金東崖贊撤饌杜儀捆出一枝紅旂來上有金奏二字當下

樂聲又一齊大作起來遲均杜儀從主位上引上引了虞博士奏着樂從東邊走上殿去香案前跪下遲均贊拜興拜興拜興拜興平身金東崖贊退班遲均杜儀引虞博士從西邊走下去復了主祭的位遲均杜儀也復了引贊的位杜儀又抽出一枝紅旂來止樂金東崖贊飲福受胙遲均杜儀引主祭的虞博士亞獻的莊徵君終獻的馬二先生都跪在香案前飲了福酒受了胙肉金東崖贊退班三人退下去了金東崖

贊焚帛司帛的諸葛祐景本蕙郭鐵筆一齊焚了帛金東崖贊禮畢衆人撤去了祭器樂器換去了公服齊往後面樓下來金次福鮑廷璽帶着堂上堂下的樂工和佾舞的三十六個孩子都到後面兩邊書房裏來這一回大祭主祭的虞博士亞獻的莊徵君終獻的馬二先生共三位大贊的金東崖司祝的臧荼盧華士共三位引贊的遲均杜儀共二位司麾的武書一位司尊的季萑辛東之余夔共三位司玉的蘧來旬

盧德虞感祁共三位司帛的諸葛佑景本蕙郭鐵筆共三位司稷的蕭鼎儲信伊照共三位司饌的季恬逸金寓劉宗姬共三位金東崖鮑廷璽二人領着司求的一人司琴的一人司瑟的一人司管的一人司鼗鼓的一人司柷的一人司敔的一人司笙的一人司鏞的一人司簫的一人司編鐘的司編磬的二人和佾舞的孩子共是三十六人通共七十六人當下廚役開剝了一條牛四副羊和祭品的餚饌菜蔬都整治

起來共備了十六席樓底下擺了八席二十四位同坐兩邊書房擺了八席款待衆人吃了半日的酒虞博士上轎先進城去這裏衆位也有坐轎的也有走的見兩邊百姓扶老攜幼挨擠着來看歡聲雷動馬二先生笑問你們這是爲甚麼事衆人都道我們生長在南京也有活了七八十歲的從不曾看見這樣的禮體聽見這樣的吹打老年人都說這位主祭的老爺是一位神聖臨凡所以都爭着出來看衆人都歡喜

一齊進城去了又過了幾日季萑蕭鼎辛東之金寓劉來辭了虞博士回揚州去了馬純上同蘧駪夫到河房裏來辭杜少卿要回浙江二人走進河房見杜少卿臧荼又和一个人坐在那里蘧駪夫一見就嚇了一跳心裏想道這人便是在我婁表叔家弄假人頭的張鐵臂他如何也在此彼此作了揖張鉄臂見蘧駪夫也不好意思臉上出神吃了茶說了一會辭別的話馬純上蘧駪夫辭了出來杜少卿送出大門蘧駪

夫問道這姓張的世兄因如何和他相與杜少卿道他叫做張俊民他在敝縣天長住蘧駪夫笑着把他本來叫做張鉄臂在浙江做的這些事畧說了幾句說道這人是相與不得的少卿須要留神杜少卿道我知道了兩人別過自去杜少卿回河房來問張俊民道俊老你當初曾叫做張鉄臂麼張鉄臂紅了臉道是小時有這个名字別的事含糊說不出來杜少卿也不再問了張鉄臂見人看破了相也存身不住過幾

日拉着臧蓼齋回天長去了蕭金鉉三个人欠了店賬和酒飯錢不得回去來尋杜少卿就帶杜少卿替他三人賠了幾兩銀子三人也各回家去了宗先生要回湖廣去拿行樂來求杜少卿題杜少卿當面題罷送別了去恰好遇着武書走了來杜少卿道正字兄許久不見這些時在那里武書道前日監裏六堂合考小弟又是一等第一杜少卿道這也有趣的緊武書道倒不說有趣內中弄出一件奇事來杜少卿道甚麽奇事武書道這一回朝廷奉旨要甄別在監讀書的人所以六堂合考那日上頭吩咐下來解懷脫脚認真搜檢就和鄉試場一樣考的是兩篇四書一篇經文有个習春秋的朋友竟帶了一篇刻的經文進去他帶了也罷上去告出恭就把這經文夾在卷子裏送上堂去天幸遇着虞老師值場大人裏面也有人同虞老師巡視虞老師揭卷子看見這文章忙拿了藏在靴桶裏巡視的人問是甚麽東西虞老師說不相

千等那人出恭回來悄悄遞與他你拿去寫个
是你方才上堂不該夾在卷子裏拿了上來幸得
是我看見若是別人看見怎了那人嚇了个臭
死發案考在二等走來謝虞老師虞老師推不
認得說並沒有這句話你想是昨日錯認了並
不是我那日小弟恰好在那里謝考親眼看見
那人去了我問虞老師這事老師怎的不肯認
難道他還是不該來謝的虞老師道讀書人全
要養其廉耻他沒奈何來謝我我若再認這話
他就無容身之地了小弟却認不的這位朋友
彼時問他姓名虞老師也不肯說先生你說這
一件奇事可是難得杜少卿道這也是老人家
常有的事武書道還有一件事更可笑的緊他
家世兄賠嫁來的一个了頭他就配了姓嚴的
管家了那奴才看見衙門淸淡沒有錢尋前日
就辭了要去虞老師從前並不曾要他一个錢
白白把了頭配了他他而今要領了頭出去要
是別人就要問他要了頭身價不知要多少虞

老師聽了這話說道你兩口子出去也好只是出去房錢飯錢都沒有又給了他十兩銀子打發出去隨即把他荐在一个知縣衙門裏做長隨你說好笑不好笑杜少卿道這些做奴才的有甚麼良心但老人家兩次賞他銀子並不是有心要人說好所以難得當下留武書吃飯武書辭了出去纔走到利涉橋遇見一个人頭戴方巾身穿舊布直裰腰繫絲縧腳下芒鞋身上揹着行李花白鬍鬚憔悴枯槁那人丟下行李

向武書作揖武書驚道郭先生自江寧鎮一別又是三年一向在那里奔走那人道一言難盡武書道請在茶館裏坐當下兩人到茶館裏坐下那人道我一向因尋父親走徧天下從前有人說是在江南所以我到江南這番是三次了而今聽見人說不在江南已到四川山裏削髮爲僧去了我如今就要到四川去武書道可憐可憐但先生此去萬里程途非同容易我想西安府裏有一个知縣姓尤是我們國子監虞老

先生的同年如今托虞老師寫一封書子去是先生順路倘若盤纏缺少也可以帮助些須那人道我草野之人我那里去見那國子監的官府武書道不妨這裏過去幾步就是杜少卿家先生同我到少卿家坐着我去討這一封書那人道杜少卿可是那天長不應徵辟的豪傑麽武書道正是那人道這人我到要會他便會了茶錢同出了茶館一齊來到杜少卿家杜少卿出來相見作揖問道這位先生尊姓武書道這位先生姓郭名力字鐵山二十年走遍天下尋訪父親有名的郭孝子杜少卿聽了這話從新見禮奉郭孝子上坐便問太老先生如何數十年不知消息郭孝子不好說武書附耳低言說曾在江西做官降過寧王所以逃竄在外杜少卿聽罷駭然因見這般舉動心裏敬他說罷留下行李先生權在我家住一宿明日再行郭孝子道少卿先生豪傑天下共聞我也不做客套竟住一宵罷杜少卿進去和娘子說替郭孝子漿

洗衣服治辦酒肴款待他出來陪着郭孝子武書說起要問虞博士要書子的話來杜少卿道這个容易郭先生在我這里坐着我和正字去要書子去只因這一番有分教用勞用力不辭虎窟之中遠水遠山又入蠶叢之境畢竟後事如何且聽下回分解

此篇古趣磅礴竟如出自叔孫通曹褒之手覺集賢學士蕭嵩輩極力為之不過如此堂哉皇哉俟其痺而

內中司事的人一一皆閱者之所爛熟布局之妙莫與京矣

本書至此卷是一大結束名之曰儒林蓋為文人學士而言篇中之文人學士不為少矣前乎此如鶯脰湖一會是一小結束西湖上詩會是又一小結束至此如云亭深甫而後臻于泰山豐之作樂蓋八音繁會之時以後則慢聲變調而已

儒林外史第三十七回

儒林外史第三十八回

郭孝子深山遇虎　甘露僧狹路逢讐

話說杜少卿留郭孝子在河房裏吃酒飯自已同武書到虞博士署內說如此這樣一个人求老師一封書子去到西安虞博士細細聽了說道這書我怎麼不寫但也不是只寫書子的事他這萬里長途自然盤費也難我這裏拿拾兩銀子少卿你去送與他不必說是我的慌忙寫了書子和銀子拿出來交與杜少卿杜少卿接

了同武書拿到河房裏杜少卿自已尋衣服當了四兩銀子武書也到家去當了二兩銀子來又苦留郭孝子住了一日莊徵君聽得有這个人也寫了一封書子四兩銀子送來與杜少卿第三日杜少卿備早飯與郭孝子吃武書也來陪着吃罷替他拴束了行李拿着這二十兩銀子和兩封書子遞與郭孝子郭孝子不肯受杜少卿道這銀子是我們江南這幾个人的並非盜跖之物先生如何不受郭孝子方才受了吃

飽了飯作辭出門杜少卿同武書送到漢西門外方才回去郭孝子曉行夜宿一路來到陝西那尤公是同官縣知縣只得迂道往同官去會他這尤公名扶徠字瑞亭也是南京的一位老名士去年纔到同官縣一到任之時就做了一件好事是廣東一个人充發到陝西邊上來帶着妻子是軍妻不想這人半路死了妻子在路上哭哭啼啼人和他說話彼此都不明白只得把他領到縣堂上來尤公看那婦人是要回故

鄉的意思心裏不忍便取了俸金五十兩差一个老年的差人自己取一塊白綾苦苦切切做了一篇文親筆寫了自己的名字尤扶徠用了一顆同官縣的印吩咐差人你領了這婦人拿我這一幅綾子遇州遇縣送與他地方官看求都要用一个印信你直到他本地方討了回信來見我差人應諾了那婦人叩謝領着去了將近一年差人回來說一路各位老爺看見老爺的文章一个个都悲傷這婦人也有十兩的也

有八兩的六兩的這婦人到家也有二百多銀子小的送他到廣東家裏他家親戚本家有百十人都望空謝了老爺的恩典又都磕小的的頭叫小的是菩薩這个小的都是沾老爺的恩尤公歡喜又賞了他幾兩銀子打發差人出去了門上傳進帖來便是郭孝子拿着虞博士的書子進來拜尤公拆開書子看了這些話着實欽敬當下請進來行裏坐下即刻擺出飯來正談着門上傳進來請老爺下鄉相驗尤公道先

生這公事我就要去的後日纔得回來但要屈留先生一日等我回來有幾句話請教況先生此去往成都我有个故人在成都也要帶封書子去先生萬不可推辭郭孝子道老先生如此說怎好推辭只是賤性山野不能在衙門裏住貴治若有甚麼菴堂送我去住兩天罷尤公道菴雖有也窄我這裏有个海月禪林那和尚是个善知識送先生到那里去住罷便吩咐衙役把郭老爺的行李搬着送在海月禪林你拜上

和尚說是我送來的衙役應諾伺候郭孝子別了尤公直送到大門外方才進去郭孝子同衙役到海月禪林客堂裏知客進去說了老和尚出來打了問訊請坐奉茶那衙役自回去了郭孝子問老和尚可是一向在這裏方丈的麼老和尚道貧僧當年住在南京太平府蕪湖縣甘露菴裏的後在京師報國寺做方丈因厭京師熱鬧所以到這裏居住尊姓是郭如今却往成都是做甚麼事郭孝子見老和尚清臞面貌顏

色慈悲說道這話不好對別人說在老和尚面前不妨講的就把要尋父親這些話苦說了一番老和尚流淚嘆息就留在方丈裏住備出晚齋來郭孝子將路上買的兩个梨送與老和尚受下謝了郭孝子便叫火工道人抬兩隻缸在丹墀里一口缸內放着一个梨每缸挑上幾担水拿杵子把梨搗碎了擊雲板傳齊了二百多僧衆一人吃一碗水郭孝子見了點頭嘆息到第三日尤公回來又備了一席酒請郭孝子吃

過酒拿出伍十兩銀子一封書來說道先生我本該留你住些時因你這尋父親大事不敢相留這五十兩銀子權爲盤費先生到成都拿我這封書子去尋蕭昊軒先生這是一位古道人他家離成都二十里住地名叫做東山先生去尋着他凡事可以商議那孝子見尤公的意思十分懇切不好再辭只得謝過收了銀子和書子辭了出來到海月禪林辭別老和尚要走老和尚合掌道居士到成都尋着了尊大人是必

寄個信與貧僧免的貧僧懸望郭孝子應諾老和尚送出禪林方才回去郭孝子自背着行李又走了幾天這路多是崎嶇鳥道郭孝子走一步怕一步那日走到一个地方天色將晚望不着一个村落那郭孝子走了一會遇着一个人郭孝子作揖問道請問老爺這裏到宿店所在還有多少路那人道還有十幾里客人你要着急些走夜晚路上有虎須要小心郭孝子聽了急急往前奔着走天色全黑却喜山凹里推出

一輪月亮來那正是十四五的月色升到天上便十分明亮郭孝子乘月色走進一个樹林中只見劈面起來一陣狂風把那樹上落葉吹得奇颼颼的響風過處跳出一隻老虎來郭孝子叫聲不好了一交跌倒在地老虎把孝子抓了坐在屁股底下坐了一會見郭孝子閉着眼只道是已經死了便丟了郭孝子去地下挖了一个坑把郭孝子提了放在坑里把爪子撥了許多落葉蓋住了他那老虎便去了郭孝子在

坑里偷眼看老虎走過幾里那到山頂上還把兩隻通紅的眼睛轉過身來望看見這裏不動方才一直去了郭孝子從坑里扒了上來自心裏想道這業障雖然去了必定是還要回來吃我如何了得一時沒有主意見一顆大樹在眼前郭孝子扒上樹去又心里焦他再來咆哮震動我可不要嚇了下來心生一計將裹脚解了下來自己縛在樹上等到三更盡後月色分外光明只見老虎前走後面又帶了一个東西來

那東西渾身雪白頭上一隻角兩隻眼就像兩盞大紅燈籠直着身子走來郭孝子認不得是个甚麽東西只見那東西走近跟前便坐下了老虎忙到坑里去尋人見沒有了人老虎慌做一堆兒那東西大怒伸過爪來一掌就把虎頭打掉了老虎死在地下那東西抖擻身上的毛發起威來回頭一望望見月亮地下照着樹枝頭上有个人就狠命的往樹枝上一撲撲冒失了跌了下來又盡力往上一扑離郭孝子只得

一尺遠郭孝子道我今番却休了不想那樹上一根枯幹恰好對着那東西的肚皮上後來的這一撲力太猛了這枯幹戳進肚皮有一尺多深淺那東西急了這枯幹越搖越戳的深進去那東西使盡力氣急了半夜掛在樹上死了到天明時候有幾个獵户手裏拿着鳥鎗叉棍來看見這兩个東西嚇了一跳郭孝子在樹上叫喊衆獵户接了孝子下來問他姓名郭孝子道我是過路的人天可憐見得保全了性命我要

趕路去了這兩件東西你們拿到地方去請賞罷衆獵户拿出些乾粮來和獐子鹿肉讓郭孝子吃了一飽衆獵户督郭孝子拿了行李送了五六里路衆獵户辭别回去郭孝子自己背了行李又走了幾天路程在山凹裏一个小菴裏借住那菴裡和尚問明來歷就拿出素飯來同郭孝子在窗子跟前坐着吃正吃着中間只見一片紅光就如失了火的一般郭孝子慌忙丟了飯碗道不好火起了老和尚笑道居士請坐

不要慌這是我雪道兄到了吃完了飯收過碗盞去推開窗子指與郭孝子道居士你看麼郭孝子舉眼一看只見前面山上蹲着一个異獸頭上一隻角只有一隻眼睛却生在耳後那異獸名爲羆九任你堅冰凍厚幾尺一聲響亮叫他登時粉碎和尚道這便是雪道兄了當夜紛紛揚揚落下一塲大雪來那雪下了一夜一天積了有三尺多厚郭孝子走不的又住了一日到第三日雪晴郭孝子辭别了老和尚又行找

菁山路一步一滑兩邊都是澗溝那氷凍的支稜著就和刀劍一般郭孝子走的慢天又晚了雪光中照着遠遠望見樹林裏一件紅東西掛着半里路前只見一个人走走到那東西面前一交跌下澗去郭孝子就立住了脚心裏疑惑道怎的這人看見這紅東西就跌下澗去定睛細看只見那紅東西底下鑽出一个人把那人行李拏了又鑽了下去郭孝子心裏猜着了幾分便急走上前去看只見那樹上吊的是个女人披散了頭髮身上穿了一件紅衫子嘴跟前一片大紅猩猩毡做个舌頭拖着脚底下埋着一个缸缸里頭坐着一个人那人見郭孝子走到跟前從缸里跳上來因見郭孝子生的雄偉不敢下手便叉手向前道客人你自走你的路罷了管我怎的郭孝子道你這些做法我已知道了你不要惱我可以帮襯你這妝吊死鬼的是你甚麼人那人道是小人的渾家郭孝子道你且將他解下來你家在那里住我到你家去

和你說那人把渾家腦後一个轉珠繩子解了放了下來那婦人把頭髮綰起來嘴跟前拴的假舌頭去掉了頸子上有一塊拴繩子的鉄也拏下來把紅衫子也脫了那人指着路旁有兩間草屋道這就是我家了當下夫妻二人跟着郭孝子走到他家請郭孝子坐着烹出一壺茶郭孝子道你不過短路營生為甚麼做這許多惡事嚇殺了人的性命這个却傷天理我雖是苦人看見你夫妻兩人到這个田地越發可憐

的狠了我有十兩銀子在此把與你夫妻兩人你做个小生意度日下次不要做這事了你姓甚麼那人聽了這話向郭孝子磕頭說道謝客人的周濟小人姓木名耐夫妻兩个原也是好人家兒女近來因是凍餓不過所以纔做這樣的事而今多謝客人與我本錢從此就改過了請問恩人尊姓郭孝子道我姓郭湖廣人而今到成都府去的說着他妻子也出來拜謝收拾飯留郭孝子郭孝子吃着飯向他說道你旣有

疋子攔路你自然還有些武藝只怕你武藝不高將來做不得大事我有些刀法拳法傳授與你那木耐歡喜一連留郭孝子住了兩日郭孝子把這刀和拳細細指教他他就拜了郭孝子做師父第三日郭孝子堅意要行他備了些乾粮燒肉裝在行李裏替郭孝子背着行李直送到三十里外方才告辭回去郭孝子接着行李又走了幾天那日天氣甚冷迎着西北風那山路凍得像白蠟一般又硬又滑郭孝子走到天

晚只聽得山洞裏大吼一聲又跳出一隻老虎來郭孝子道我今番命真絕了一交跌在地下不醒人事原來老虎吃人要等人怕的今見郭孝子直殭殭在地下竟不敢吃他把嘴合着他臉上來聞一聞一莖鬍子戳在郭孝子鼻孔裡去戳出一个大噴嚏來那老虎到嚇了一跳連忙轉身幾跳跳過前面一座山頭跌在一个澗溝裏那澗極深被那稜撐像刀劍的冰凌橫攔着竟凍死了郭孝子扒起來老虎已是不見說道慚

愧我又經了這一番背着行李再走走到成都府找着父親在四十里外一个菴裏做和尚訪知的了走到菴裏去敲門老和尚開門見是兒子就嚇了一跳郭孝子見是父親跪在地下慟哭老和尚道施主請起來我是沒有兒子的你想是認錯了郭孝子道兒子萬里程途尋到父親跟前來父親怎麽不認我老和尚道我方纔說過貧僧是沒有兒子的施主你有父親你自已去尋怎的望着貧僧哭郭孝子道父親雖則幾十年不見難道兒子就認不得了跪着不肯起來老和尚道我貧僧自小出家那里來的這个兒子郭孝子放聲大哭道父親不認兒子兒子到底是要認父親的三番五次纏的老和尚急了說道你是何處光棍敢來鬧我們快出去我要關山門郭孝子跪在地下慟哭不肯出去和尚道你再不出去我就拏刀來殺了你郭孝子伏在地下哭道父親就殺了兒子兒子也是不出去的老和尚大怒雙手把郭孝子拉起來

提着郭孝子的領子一路推搡出門便關了門進去再也叫不應郭孝子在門外哭了一場又哭一場又不敢敲門見天色將晚自己想道罷罷父親料想不肯認我了抬頭看了這菴叫做竹山菴只得在半里路外租了一間房屋住下次早在菴門口看見一个道人出來買通了道道人日日搬柴運米養活父親不到半年之上身邊這些銀子用完了思量要到山東去尋蕭昊軒又恐怕尋不着就闕了父親的飯食只得

左近人家傭工替人家挑土打柴每日尋几分銀子養活父親遇着有个鄰居露獱西去他就把這尋父親的話細細寫了一封書帶與海月禪林的老和尚老和尚看了書又歡喜又欽敬他不多幾日禪林裏來了一个掛單的和尚那和尚便是响馬賊頭趙大披着頭髮兩隻怪眼兇像未改老和尚慈悲容他住下不想這惡和尚在禪林吃酒行兇打人無所不為首坐領着一班和尚來稟老和尚道這道人留在禪林裏是

必要壞了清規求老和尚趕他出去老和尚教他去他不肯去後來首座叫知客向他說老和尚叫你去你不去老和尚說你若再不去就照依禪林規矩抬到後面院子裏一把火就把你燒了惡和尚聽了懷恨在心也不辭老和尚次日收拾衣单去了老和尚又住了半年思量要到峨嵋山走走順便去成都會會郭孝子辭了衆人挑着行李衣鉢風餐往陝一路來到四川離成都有百十里多路那日下店早老和尚出

去看看山景走到那一个茶棚内吃茶那棚裏先坐着一个和尚老和尚忘記認不得他了那和尚却認得老和尚便上前打个問訊道和尚這里茶不好前邊不多幾步就是小菴何不請到小菴裏去吃杯茶老和尚歡喜道最好那和尚領着老和尚曲曲折折走了七八里路纔到一个菴裏那菴一進三間前邊一尊迦藍菩薩後一進三間殿並沒有菩薩中間放着一个榻床那和尚同老和尚走進菴門纔說道老和尚

你認得我麼老和尚方纔想起是禪林裡趕出去的惡和尚吃了一驚說道是方纔偶然忘記而今認得了惡和尚竟自已走到床上坐下睜開眼道你今日既到我這裏不怕你飛上天去我這里有个葫蘆你拏了在半里路外山岡上一个老婦人開的酒店裏替我打一葫蘆酒來你快去老和尚不敢違拗捧着葫芦出去找到山岡子上果然有个老婦人在那里賣酒老和尚把這葫芦遞與他那婦人接了葫芦上上下

下把老和尚一看止不住眼里流下淚來便要拏葫芦去打酒老和尚嚇了一跳便打个問訊道老菩薩你怎見了貧僧就這般悲慟起來這是甚麼原故那婦人含着淚說道我方才看見老師父是个慈悲面貌不該遭這一難老和尚驚道貧僧是遭的甚麼難那老婦人道老師父你可是在半里路外那菴裏來的老和尚道貧僧便是你怎麼知道老婦人道我認得他這葫蘆他但凡要吃人的腦子就拏這葫芦來打我

店裏藥酒老師父你這一打了酒去沒有活的命了老和尚聽了魂飛天外慌了道這怎麼處我如今走了罷老婦人道你怎麼走得這四十里內都是他舊日的响馬党羽他巷裏走了一人一声梆子响即刻有人綑翻了你送在巷裏去老和尚哭着跪在地下求老菩薩救命老婦人道我怎能救你我若說破了我的性命也難保但看見你老師父慈悲死的可憐我指一條路給你去尋一个人老和尚道老菩薩你指我

去尋那个人老婦人慢慢說出這一个人來只因這一番有分教熱心救難又出驚天動地之人仗劍立功無非報國忠臣之事畢竟這老婦人說出甚麼人來且聽下回分解

文章至此篇可謂極盡險怪之致矣長夏攤飯時讀之可以睡醒可以愈病

郭孝子原是一種枯槁寂寞之人故與老和尚之氣味最相合

寒風朔雪猛虎怪獸郭孝子備嘗之矣以爲

苦猶未足以言其苦也老和尚竟墮入夜叉
鬼國性命乃在呼吸之間天下事之可驚可
怪者孰愈于此不意耳目之間有此奇觀

儒林外史第三十九回

蕭雲仙救難明月嶺　平少保奏凱青楓城

話說老和尚聽了老婦人這一番話跪在地下哀告老婦人道我怎能救你只好指你一條路去尋一个人老和尚道老菩薩却叫貧僧去尋一个甚麽人求指點了我去老婦人道離此處有一里多路有个小小山岡叫做明月嶺你從我這屋後山路過去還可以近得幾步你到那嶺上有一个少年在那里打彈子你却不要問

他只雙膝跪在他面前等他問你你再把這些話向他說只有這一个人還可以救你你速去求他却也還拿不穩設若這个人還不能救你我今日說破這个話連我的性命只好休了老和尚聽了戰戰兢兢將葫芦裏打滿了酒謝了老婦人在屋後攀緣附葛上去果然走不到一里多路一个小小山岡山岡上一个少年在那里打彈子山洞裏嵌着一塊雪白的石頭不過銅錢大那少年覷的較近彈子過處一下下都

打了一个年老和尚近前看那少年時頭帶武巾身穿藕色戰袍白淨面皮生得十分美貌那少年弾子正打得酣邊老和尚走來雙膝跪在他面前那少年正要問時山凹裏飛起一陣麻雀那少年道等我打了這个雀兒看手起弾子落把麻雀打死了一个墜下去那少年看見老和尚含着眼淚跪在跟前說道老師父你快請起來你的來意我知道了我在此學弾子正爲此事但纔學到九分還有一分未到恐怕還有

意外之失所以不敢動手今日既遇着你來我也說不得了想是他畢命之期老師父你不必在此躭誤你快將葫芦酒拏到庵裏去臉上萬不可做出慌張之像更不可做出悲傷之像來你到那里他叫你怎麼樣你就怎麼樣一毫不可違拗他我自來救你老和尚沒柰何只得捧着酒葫芦照依舊路來到菴裏進了第二層只見惡和尚坐在中間床上手裏已是拿着一把明晃晃的鋼刀問老和尚道你怎麼這時纔來

老和尚道貧僧認不得路走錯了慢慢找了回
來惡和尚道這也罷了你跪下罷老和尚雙膝
跪下惡和尚道跪上些來老和尚見他拿着刀
不敢上去惡和尚道你不上來我劈面就砍來
老和尚只得膝得上去惡和尚道你褪了帽子
罷老和尚含着眼淚自己除了帽子惡和尚把
老和尚的光頭捏一捏把葫芦藥酒倒出來吃
了一口左手拿着酒右手執着風快的刀在老
和尚頭上試一試比个中心老和尚此時尚未

等他劈下來那魂靈已在頂門裏冒去了惡和
尚比定中心知道是腦子的所在一劈出了恰
好腦漿迸出趕熱好吃當下比定了中心手持
鋼刀向老和尚頭頂心裏劈將下來不想刀口
未曾落老和尚頭上只聽得門外颼的一声一
个弹子飛了進來飛到惡和尚左眼上惡和尚
大驚丟了刀放下酒將隻手捺着左眼飛跑出
來到了外一層迦藍菩薩頭上坐着一个人惡
和尚抬起頭來又是一个弹子把眼打瞎惡和

尚跌倒了那少年跳了下來進裏面一層老和
尚已是嚇倒在地那少年道老師父快起來走
老和尚道我嚇軟了其實走不動了那少年道
起來我背着你走便把老和尚扯起來駝在身
上急急出了巷門一口氣跑了四十里那少年
把老和尚放下說道好了老師父脫了這場大
難自此前途吉慶無虞老和尚方纔還了魂跪
在地下拜謝問恩人尊姓大名那少年道我也
不過要除這一害並非有意救你你得了命你

速去罷問我的姓名怎的老和尚又問總不肯
說老和尚只得向前膜拜了九拜說道且辭別
了恩人不死當以厚報拜畢起來上路去了那
少年精力已倦尋路旁一個店內坐下只見店
裏先坐着一個人面前放着一個盒子那少年
看那人時頭戴孝巾身穿白布衣服腳下芒鞋
形容悲戚眼下許多淚痕便和他拱一拱手對
面坐下那人笑道清平世界蕩蕩乾坤把彈子
打瞎人的眼睛却來這店裏坐的安穩那少年

道老先生從那里來怎麽知道這件事的那人道我方纔原是笑話剪除惡人救拔善類這是最難得的事你長兄尊姓大名那少年道我姓蕭名來字雲仙舍下就在這成都府一十里外東山住那人驚道成都二十里外東山有一位蕭昊軒先生可是尊府蕭雲仙驚道這便是家父老先生怎麽知道那人道原來就是尊翁便把自己姓名說下并因甚來四川在同官縣會見縣令尤公曾有一書與尊大人我因尋親念

切不曾造路到尊府長兄你方纔救的這老和尚我却也認得他不想邂逅相逢看長兄如此英雄便是昊軒先生令郎可敬可敬蕭雲仙道老先生旣尋着太老先生如何不同在一處如今獨自又往那里去郭孝子見問這話哭起來道不幸先君去世了這盒子裏便是先君的骸骨我本是湖廣人而今把先君骸骨背到故鄉去歸葬蕭雲仙垂淚道可憐可憐但晚生幸遇着老先生不知可以拜請老先生同晚生到舍

下去會一會家君麽郭孝子道本該造府恭謁奈我背着先君的骸骨不便且我歸葬心急致意尊大人將來有便再來奉謁罷因在行李內取出尤公的書子來遞與蕭雲仙又拿出百十个錢來叫店家買了三角酒割了二斤肉和些蔬菜之類叫店主人整治起來同蕭雲仙吃着便向他道長兄我和你一見如故這最是人生最難得的事況我從陝西來就有書子投奔的是尊大人這个就更比初交的不同了長兄像

你這樣事是而今世上人不肯做的真是難得但我也有一句話要勸你可以說得麽蕭雲仙道晚生年少正要求老先生指教有話怎麽不要說郭孝子道這冒險借軀都是俠客的勾當而今比不得春秋戰國時這樣事就可以成名而今是四海一家的時候任你荆軻聶政也只好叫做亂民像長兄有這樣品貌材藝又有這般義氣肝胆正該出來替朝廷效力將來到疆場一刀一鎗博得个封妻廕子也不枉了一个

青史留名不瞞長兄說我自幼空自學了一身武藝遭天倫之慘奔波辛苦數十餘年而今老了眼見得不中用了長兄年力鼎盛萬不可蹉跎自誤你須牢記老拙今日之言蕭雲仙道晚生得蒙老先生指教如撥雲見日感謝不盡又說了些閒話次早打發了店錢直送郭孝子到二十里路外岔路口彼此灑淚分別蕭雲仙回到家中問了父親的安將尤公書子呈上看過蕭昊軒道老友與我相別二十年不通音問他今做官適意可喜可喜又道郭孝子武藝精能少年與我齊名可惜而今和我都老了他今求的他太翁骸骨歸葬也算了過一生心事蕭雲仙在家奉事父親過了半年松藩衛邊外生番與內地民人互市因買賣不公彼此吵鬧起來那番子性野不知王法就持了刀杖器械大打一仗弓兵前來護救都被他殺傷了又將青楓城一座強占了去巡撫將事由飛奏到京朝廷看了本章大怒奉旨差少保平治前往督師務

必挈庭掃穴以章天討平少保得了聖旨星飛出京到了松藩駐劄蕭昊軒聽了此事喚了蕭雲仙到面前吩咐道我聽得平少保出師現駐松藩征勦生番少保與我有舊你今前往投軍說出我的名姓少保若肯留在帳下効力你也可以借此報効朝廷正是男子漢發奮有爲之時蕭昊仙道父親年老兒子不敢遠離膝下蕭昊軒道你這話就不是了我雖年老現在並無病痛飯也吃得覺也睡得何必要你追隨左右

你若是借口不肯前去便是貪圖安逸在家戀着妻子乃是不孝之子從此你便不許再見我的面了幾句話讓的蕭雲仙閉口無言只得辭了父親拴束行李前去投軍一路程途不必細說這一日離松藩衞還有一站多路因出店太早走了十多里天尚未亮蕭雲仙背着行李正走得好忽聽得背後有脚步響他便跳開一步回轉頭來只見一个人手持短棍正待上前來打他早被他飛起一脚踢倒在地蕭雲仙奪了

他手中短棍劈頭就要打那人在地下喊道看
我師父面上饒恕我罷蕭雲仙住了手問道你
師父是誰那時天色已明看那人時三十多歲
光景身穿短襖脚下八搭麻鞋面上微有髭鬚
那人道小人姓木名耐是郭孝子的徒弟蕭雲
仙一把拉起來問其備細木耐將曾經短路遇
郭孝子及他收爲徒弟的一番話說了一遍蕭
雲仙道你師父我也認得你今番待往那里去
木耐道我聽得平少保征番現在松藩招軍意

思要到那里去投軍因途間缺少盤纏適纔得
罪長兄休怪蕭雲仙道既然如此我也是投軍
去的便和你同行何如木耐大喜情愿認做蕭
雲仙的親隨伴儅一路來到松藩在中軍處遞
了投充的呈詞少保傳令細細盤問來歷知道
是蕭浩的兒子收在帳下賞給千揔職銜軍前
効力木耐賞戰粮一分聽候調遣過了幾日各
路粮餉俱已調齊少保升帳傳下將令叫各弁
在轅門聽候蕭雲仙早到只見先有兩位都督

在轅門上蕭雲仙請了安立在傍邊聽那一位都督道前日總鎮馬大老爺出兵竟被青楓城的番子用計挖了陷坑連人和馬都跌在陷坑裏馬大老爺受了重傷過了兩天傷發身死現今屍首並不曾找着馬大老爺是司禮監老公公的侄兒現今內裏傳出信來務必要找尋屍首若是尋不着將來不知是個怎麼樣的處分這事怎了這一位都督道聽見青楓城一帶幾十里是無水草的要等冬天積下大雪到春融

之時那山上雪水化了淌下來人和牲口纔有水吃我們到那里出兵只消幾天沒有水吃就活活的要渴死了那里還能打甚麼仗蕭雲仙聽了上前稟道兩位太爺不必費心這青楓城是有水草的不但有而且水草最為肥饒兩都督道蕭千總你曾去過不曾蕭雲仙道卑弁不曾去過兩位都督道可又來你不曾去過怎麼得知道蕭雲仙道卑弁在史書上看過說這地方水草肥饒兩都督變了臉道那書本子上的

話如何信得蕭雲仙不敢言語少刻雲板響處轅門磽鼓喧鬧少保升帳傳下號令教兩都督率領本部兵馬作中軍策應叫蕭雲仙帶領步兵五百名在前先鋒開路木帥督領後隊調遣將令已下各將分頭前去蕭雲仙攜了木耐帶領五百步兵疾忙前進望見前面一座高山十分險峻那山頭上隱隱有旗幟在那里把守這山名喚椅兒山是青楓城的門户蕭雲仙吩咐木耐道你帶領二百人從小路扒過山去在他

總路口等着只聽得山頭炮響你們便喊殺回來助戰不可有誤木耐應諾去了蕭雲仙又叫一百兵丁埋伏在山凹裏只聽山頭炮響一齊吶喊起來報稱大兵已到趕上前來助戰分派已定蕭雲仙帶着二百人大踏步殺上山來那山上幾百番子藏在上洞裏看見有人殺上來一齊蜂擁的出來打仗那蕭雲仙腰插彈弓手拿腰刀奮勇爭先手起刀落先殺了幾个番子那番子見勢頭勇猛正要逃走二百人捲地齊

來猶如暴風疾雨忽然一聲胞響山門裏伏兵大聲喊叫大兵到了飛迸上山番子正在魂驚胆落又見山後那二百人搖旗吶喊飛殺上來只道大軍已經得了青楓城亂紛紛各自逃命那里禁得蕭雲仙的弹子打來打得鼻塌嘴歪無處躲避蕭雲仙將五百人合在一處喊聲大震把那幾百个番子猶如砍瓜切菜儘數都砍死了旂幟器械得了無數蕭雲仙叫衆人暫歇一歇即鼓勇前進只見一路都是深林密箐走

了半天林子盡處一條大河遠遠望見青楓城在數里之外蕭雲仙見無船隻可渡忙叫五百人旋即砍伐林竹編成筏子頃刻辦就一齊渡過河來蕭雲仙道我們大兵尚在後面攻打他的城池不是五百人做得來的第一不可使番賊知道我們的虛實叫木耐率領兵衆將奪得旂幟改造做雲梯帶二百兵每人身藏枯竹一束到他城西僻靜地方爬上城去將他堆貯粮草處所放起火來我們便好攻打他的東門這

里分撥已定且説兩位都督率領中軍到了椅見山下又不知道蕭雲仙可會過去兩位議道像這等險惡所在他們必有埋伏我們盡力放些大炮放的他們不敢出來也就可以報捷了正說着一騎馬飛遞追來少保傳下軍令叫兩位都督疾忙前去策應恐怕蕭雲仙少年輕進以致失事兩都督得了將令不敢不進號令軍中疾馳到帶子河見有現成筏子都渡過去望見青楓城裏火光燭天那蕭雲仙正在東門外

施放砲火攻打城中番子見城中火起不亂自亂這城外中軍已到與前先鋒合爲一處將一座青楓城圍的鉄桶般相似那番酋開了北門捨命一頓混戰只剩了十數騎潰圍逃命去了少保督領後隊已到城裏敗殘的百姓各人頭頂香花跪迎少保進城少保傳令救火安民秋毫不許驚動隨即寫了本章遣官到京裏報捷這里蕭雲仙迎接叩見了少保少保大喜賞了他一腔羊一罎酒誇奬了一番過了十餘日旨

意回頭看平治來京兩都督回任候陞蕭采實授于撫那善後事宜少保便交與蕭雲仙辦理蕭雲仙送了少保進京回到城中看見兵炎之後城垣倒塌倉庫毀壞便細細做了一套文書稟明少保那少保便將修城一事批了下來責成蕭雲仙用心經理候城工完峻之後另行保題議叙只因這一番有分教甘棠有蔭空留後人之思飛將難封徒博數奇之歎不知蕭雲仙怎樣修城且聽下回分解

惡和尚一段故作險語愈逼愈緊能令閱者不敢逼視老和尚性命在呼吸之間作者偏蕭閒事外謾謾詮解讀此何異圖窮而七首見

蕭雲仙彈子世家也而其打法又絕不與蕭昊軒犯複筆墨酣暢無所不可

余嘗向友人言大凡學者操觚有所著作第一要有功于世道人心為主此聖人所謂修辭立其誠也如郭孝子指教蕭雲仙一段雖

聖人復起不易斯言世所傳之稗官慣驅朝廷之命官去而之水泊爲賊是書能勸冒險借軀之人出而爲國家效命于疆場信乎君子立言必不朽也

椅兒山破敵靑楓城取城千秋百世皆知是蕭雲仙之功兩都督不與也及其結局雲仙不過實授千總而兩公則回任候陞李蔡爲人下中竟得封侯亦千古同嘆之事嗚呼尚何言哉

儒林外史第四十回

蕭雲仙廣武山賞雪　沈瓊枝利涉橋賣文

話說蕭雲仙奉着將令監督築城足足住了三四年那城方纔築的成功周圍十里六座城門城裏又蓋了五个衙署出榜招集流民進來居住城外就叫百姓開墾田地蕭雲仙想道這旱地百姓一遇荒年就不能收糧食了須是興起些水利來因動支錢糧僱齊民夫蕭雲仙親自指點百姓在田傍開出許多溝渠來溝間有

洫洫間有遂開得高高低低彷彿江南的光景到了成功的時候蕭雲仙騎着馬帶着木耐在各處犒勞百姓們每到一處蕭雲仙殺牛宰馬傳下號令把那一方百姓都傳齊了蕭雲仙建一壇場立起先農的牌位來擺設了牛羊祭禮蕭雲仙紗帽補服自己站在前面率領衆百姓叫木耐在旁贊禮升香奠酒三獻八拜拜過又率領衆百姓望着北闕山呼舞蹈叩謝皇恩便叫百姓都團團坐下蕭雲仙坐在中間拔劍割

肉大碗斟酒歡呼笑樂痛飲一天吃完了酒蕭雲仙向衆百姓道我和你們衆百姓在此痛飲一天也是緣法而今上賴皇恩下托你們衆百姓的力開墾了這許多田地也是我姓蕭的在這裏一番我如今親自手種一顆柳樹你們衆百姓每人也種一顆或雜些桃花杏花亦可記着今日之事衆百姓歡聲如雷一个个都在大路上栽了桃柳蕭雲仙同木耐今日在這一方明日又在那一方一連吃了幾十日酒共栽了

幾萬顆柳樹衆百姓感激蕭雲仙的恩德在城門外公同起蓋了一所先農祠中間供着先農神位旁邊供了蕭雲仙的長生祿位牌又尋一个會畫的在牆上畫了一个馬畫蕭雲仙紗帽補服騎在馬上前面畫木耐的像手裏拏着一枝紅旗引着馬做勸農的光景百姓家男男女女到朔望的日子在這廟裏來焚香點燭跪拜非止一日到次年春天楊柳發了青桃花杏花都漸漸開了蕭雲仙騎着馬帶着木耐出來遊

玩見那綠樹陰中百姓家的小孩子三五成羣的牽着牛也有倒騎在牛上的也有横睡在牛背上的在田旁溝裏飲了水從屋角邊慢慢轉了過來蕭雲仙心裏歡喜向木耐道你看這般光景百姓們的日子有的過了只是這班小孩子一个个好模好樣也還覺得聰俊怎得有个先生教他識字便好木耐道老爺你不知道麽前日這先農祠住着一个先生是江南人而今想是還在這里老爺何不去和他商議蕭雲仙

道這更凑巧了便打馬到祠内會那先生進去同那先生作揖坐下蕭雲仙道聞得先生貴處是江南因甚到這邊外地方請問先生貴姓那先生道賤姓沈敝處常州因向年有个親戚在青楓做生意所以來看他不想遭了兵亂流落在這里五六年不得回去近日聞得朝裏蕭老先生在這里築城開水利所以到這里來看看老先生尊姓貴衙門是那里蕭雲仙道小弟便是蕭雲仙在此開水利的那先生起身從新行

禮道老先生便是當今的班定遠晚生不勝敬服蕭雲仙道先生旣在這城裏我就是主人請到我公廨裏去住便叫兩个百姓來搬了沈先生的行李叫木耐牽着馬蕭雲仙攜了沈先生的手同到公廨裏來備酒飯款待沈先生說起要請他教書的話先生應允了蕭雲仙又道只得先生一位教不來便將帶來駐防的二三千多兵內揀那認得字多的兵選了十个託沈先生每日指授他些書理開了十个學堂把百姓

家略聰明的孩子都養在學堂裏讀書讀到兩年多沈先生就教他做些破題破承起講但凡做的來蕭雲仙就和他分庭抗禮以示優待這些人也知道讀書是體面事了蕭雲仙城工已竣報上文書去把這文書就叫木耐去木耐見了少保少保問他些情節賞他一个外委把總做去了少保據着蕭雲仙的詳文咨明兵部工部核算蕭采承辦青楓城城工一案該撫題銷本內磚灰工匠共開銷銀一萬九千三百六十

兩一錢二分一釐五毫查該地水草附近燒造磚灰甚便新集流民充當工役者甚多不便聽其任意浮開應請核減銀七千五百二十五兩有零在于該員名下着追查該員係四川成都府人應行文該地方官勒限嚴比歸款可也奉旨依議蕭雲仙看了邸鈔接了上司行來的公文只得打點收拾行李回成都府比及到家他父親已卧病在床不能起來蕭雲仙到床面前請了父親的安訴說軍前這些始末緣由說過

又磕下頭去伏着不肯起來蕭昊軒道這些事你都不會做錯爲甚麽不起來蕭雲仙纔把因修城工被工部核減追賠一案說了又道兒子不能掙得一絲半粟孝敬父親到要破費了父親的産業實在不可自比于人心裏愧恨之極蕭昊軒道這是朝廷功令又不是你不肖花消掉了何必氣惱我的産業攢湊攏來大約還有七千金你一總呈出歸公便了蕭雲仙哭着應諾了看見父親病重他衣不解帶伏侍十餘日

眼見得是不濟事蕭雲仙哭着問父親可有甚麽遺言蕭昊軒道你這話又獃氣了我在一日是我的事我死後就都是你的事了總之爲人以忠孝爲本其餘都是末事說畢瞑目而逝蕭雲仙呼天搶地盡哀盡禮治辦喪事十分盡心却自已嘆息道人說塞翁失馬未知是福是禍前日要不爲追賠斷斷也不能回家父親送終的事也再不能自已親自辦可見這番回家也不叫做不幸喪葬已畢家產都已賠完了還少

三百多兩銀子地方官仍舊緊追適逢知府因盜案的事降調去了新任知府却是平少保做巡撫時提拔的到任後知道蕭雲仙是少保的人替他虛出了一个完清的結狀叫他先到平少保那里去再想法來賠補少保見了蕭雲仙慰勞了一番替他出了一角咨文送部引見兵部司官說道蕭采辦理城工一案無例題補應請仍于本千總班次論俸推陞守備俟其得缺之日帶領引見蕭雲仙又候了五六个月部裏

纔推陞了他應天府江淮衛的守備帶領引見奉旨着往新任蕭雲仙領了劄付出京走東路來南京過了朱龍橋到了廣武衛地方晚間住在店裏正是嚴冬時分約有二更盡鼓店家吆呼道客人們起來木總爺來查夜衆人都披了衣服坐在鋪上只見四五个兵打着燈籠照着那總爺進來逐名查了蕭雲仙看見那總爺原來就是木耐木耐見了蕭雲仙喜出望外叩請了安忙將蕭雲仙請進衙署住了一宿次日蕭

雲仙便要起行木耐留住道老爺且寬住一日這天色想是要下雪了今日且到廣武山阮公祠遊玩遊玩卑弁盡个地主之誼蕭雲仙應允了木耐叫備兩匹馬同蕭雲仙騎着又叫一个兵備了幾樣餚饌和一尊酒一經來到廣武山阮公祠內道士接進去請到後面樓上坐下道士不敢來陪隨接送上茶來木耐隨手開了六扇窗格正對着廣武山側面看那山上樹木凋敗又被北風吹的凛凛冽冽的光景天上便飄

下雪花來蕭雲仙看了向着木耐說道我兩人當日在青楓城的時候這樣的雪不知經過了多少那時到也不見得苦楚如今見了這幾點雪倒覺得寒冷的緊木耐道想起那兩位都督大老爺此時貂裘向火不知怎麽樣快活哩說着吃完了酒蕭雲仙起來閒步樓右邊一个小閣子牆上嵌着許多名人題咏蕭雲仙都看完了內中一首題目寫着廣武山懷古讀去却是一首七言古風蕭雲仙讀了又讀讀過幾遍不覺悽然淚下木耐在旁不解其意蕭雲仙又看了後面一行寫着白門武書正字氏稿看罷記在心裏當下收拾回到衙署又住了一夜次日天晴蕭雲仙辭別木耐要行木耐親自送過大柳驛方纔回去蕭雲仙從浦口過江進了京城驗了劄付到了任查點了運丁看驗了船隻同前任的官交代清楚那日便問運丁道你們可曉的這里有一个姓武名書號正字的是个甚麽人旂丁道這人却不知道老爺問他却爲甚

麼蕭雲仙道我在廣武衛看見他的詩急于要會他旗丁道既是做詩的人小如今國子監一問便知了蕭雲仙道你快些去問旗丁次日來回復道國子監問過來了門上說監裏有个武相公叫做武書是个上齋的監生就在花牌樓住蕭雲仙道快叫人伺候不打執事我就去拜他當下一直來到花牌樓一个坐東朝西的門樓投進帖去武書出來會了蕭雲仙道小弟是一个武夫新到貴處仰慕賢人君子前日在廣

武山壁上奉讀老先生懷古佳作所以特來拜謁武書道小弟那詩也是一時有感之作不想有污尊目當下捧出茶來吃了武書道老先生自廣武而來想必自京師部選的了蕭雲仙道不瞞老先生說起來話長小弟自從青楓城出征之後因修理城工多用了帑項方纔賠償清了照千總推陞的例選在這江淮衛却喜得會見老先生凡事要求指教改日還有事奉商武書道當得領教蕭雲仙說罷起身去了武書送

出大門看見監裏齋夫飛跑了來說道大堂虞老爺立候相公說話武書走去見虞博士虞博士道年兄令堂旌表的事部裏爲報在後面駁了三回如今纔准了牌坊銀子在司裏年兄可作速領去武書謝了出來次日帶了帖子去回拜蕭守備蕭雲仙迎入川堂作揖奉坐武書道昨日枉駕後多慢拙作過蒙稱許心切不安還有些拙刻帶在這邊還求指教因在袖內拏出一卷詩來蕭雲仙接着看了數草讚嘆不已隨

請到書房裏坐了擺上飯來吃過蕭雲仙拏出一个卷子遞與武書道這是小弟半生事跡專求老先生大筆或作一篇文或作幾首詩以垂不朽武書接過來放在桌上打開看時前面寫着西征小紀四个字中間三副圖第一副是椅兒山破敵第二副是青楓取城第三副是春郊勸農每幅下面都有逐細的紀畧武書看完了嘆惜道飛將軍數奇古今來大概如此老先生這樣功勞至今還屈在卑位這做詩的事小弟

的是領教但老先生這一番汗馬的功勞限于資格料是不能載入史冊的了須得幾位大手筆撰述一番各家文集裏傳留下去也不埋沒了這半生忠悃蕭雲仙道這个也不敢當但得老先生大筆小弟也可借以不朽了武書道這个不然卷子我且帶了回去這邊有幾位大名素昔最喜讚揚忠孝的若是見了老先生這一番事業料想樂于題咏的容小弟將此卷傳了去看看蕭雲仙道老先生的相知何不竟指小

弟先去拜謁武書道這也使得蕭雲仙拏了一張紅帖子要武書開名字去拜武書便開出虞博士果行遲均衡山莊徵君紹光杜儀少卿俱寫了住處遞與蕭雲仙帶了卷子告辭去了蕭雲仙次日拜了各位各位都回拜了隨奉糧道文書押運赴淮蕭雲仙上船到了揚州在抄關上擠馬頭正擠的熱鬧只見後面擠上一隻船來船頭上跕着一个人叫道蕭老先生怎麽在這里蕭雲仙回頭一看說道呵呀原來是沈先

生你幾時回來的快叫攏了船那沈先生跳上船來蕭雲仙道向在青楓城一別至今數年是幾時回南來的沈先生道自蒙老先生青目教了兩年書積下些修金回到家鄉將小女許嫁揚州宋府上此時送他上門去蕭雲仙道令愛恭喜少賀因叫跟隨的人封了一兩銀子送過來做賀禮說道我今番押運北上不敢停泊將來回到敝署再請先生相會罷作別開船去了這先生領着他女兒瓊枝岸上叫了一乘小轎

子抬着女兒自己押了行李到了缺口門落在大豐旂下店裏那里夥計接着通報了宋鹽商那鹽商宋爲富打發家人來吩付道老爺叫把新娘就抬到府裏去沈老爺留在下店裏住着叫賬房置酒款待沈先生聽了這話向女兒瓊枝道我們只說到了這裏權且住下等他擇吉過門怎麽這等大模大樣看來這等光景竟不是把你當作正室了這頭親事還是就得就不得女兒你也須自己主張沈瓊枝道爹爹你請

放心我家又不曾寫立文書得他身價爲甚麼肯去伏低做小他既如此排場爹爹若是和他吵鬧起來倒反被外人議論我而今一乘轎子抬到他家裏去看他怎模樣看待我沈先生只得依着女兒的言語看着他裝飾起來頭上戴了冠子身上穿了大紅外蓋拜辭了父親上了轎那家人跟着轎子一直來到河下進了大門幾个小老媽抱着小官在大牆門口同看門的管家說笑話看見轎子進來問道可是沈新娘

來了請下了轎走水巷里進去沈瓊枝聽見也不言語下了轎一直走到大廳上坐下說道請你家老爺出來我常州姓沈的不是甚麼低三下四的人家他既要娶我怎的不張燈結彩擇吉過門把我消消的擡了來當做娶妾的一般光景我且不問他要別的只叫他把我父親親筆寫的婚書拏出來與我看我就沒的說了老媽同家人都嚇了一跳甚覺詫異慌忙走到後邊報與老爺知道那宋爲富正在藥房里看着

樂匠弄人參聽了這一篇話紅着臉道我們總商人家一年至少也要七八个妾都像這般淘氣起來這日子還過得他走了來不怕他飛到那里去躊躇一會叫過一个丫鬟來吩咐道你去前面向那新娘說老爺今日不在新娘權且進房去有甚麼話等老爺來家再說丫鬟來說了沈瓊枝心裏想着坐在這裏也不是事不如且隨他進去便跟着丫頭走倒廳背後左邊一个小圭門裏進去三間楠木廳一个大院落堆

滿了太湖石的山子沿着那山石走到左邊一條小巷串入一个花園內竹樹交加亭臺軒廠一个極寬的金魚池池子旁邊都是硃紅欄杆夾着一帶走廊走到廊盡頭處一個小小月洞四扇金漆門走將進去便是三間屋一間做房鋪設的齊齊整整獨自一个院落媽子送了茶來沈瓊枝吃着心裏暗說道這樣極幽的所在料想彼人也不會賞鑑且讓我在此消遣幾天那丫鬟回去回復宋爲富道新娘人物倒生得

標緻只是樣子覺得憊賴不是个好惹的過了一宿宋爲富叫管家到下店裏吩咐賬房中兌出五百兩銀子送與沈老爺叫他且回府着姑娘在這裏想没的話說沈先生听了這話說道不好了他分明拿我女兒做妾這還了得一經走到江都縣喊了一狀那知縣看了呈子說道沈大年既是常州貢生也是衣冠中人物怎麼肯把女兒與人做妾鹽商豪横一至於此將呈詞收了宋家曉得這事慌忙叫小司客具了一

个訴呈打通了關節次日呈子批出來批道沈大年既係將女瓊枝許配宋爲富爲正室何至自行私送上門顯係做妾可知架詞混瀆不准那訴呈上批道已批示沈大年詞内矣沈大年又補了一張呈子知縣大怒說他是个刁健訟棍一張批兩个差人押解他回常州去了沈瓊枝在宋家過了幾天不見消息想道彼人一定是安排了我父親再來和我歪纏不如走離了他家再作道理將他那房里所有動用的金銀

器皿眞珠首飾打了一个包袱穿了七條裙子扮做小老媽的模樣買通了那丫鬟五更時分從後門走了淸晨出了鈔關門上船那船是有家眷的沈瓊枝上了船自心裏想道我若回常州父母家去恐惹故鄉人家恥笑細想南京是个好地方有多少名人在那里我又會做兩句詩何不到南京去賣詩過日子或者遇着些緣法出來也不可知立定主意到儀徵換了江船一直往南京來只因這一番有分教賣詩女士

反爲逋逃之流科舉儒生且作風流之客畢竟後事如何且聽下回分解

蕭雲仙在青楓能養能教又能宣上德而達下情乃是有體有用之才而限于資格卒爲困鱗此作者之所以發憤著書一吐其不平之鳴也

昔者阮籍登廣武而嘆曰時無英雄使豎子成名書中賞雪一段是隱括此意雲仙與木耐閒閒數語直抵過一篇李陵答蘇武書千

載之下淚痕猶濕

纔寫過蕭雲仙接手又寫一沈瓊枝雲仙豪傑也瓊枝亦豪傑也雲仙之屈處于下僚瓊枝之陷身于傖父境雖不同而其歌泣之情懷則一作者亦欲收兩副淚眼而作同聲之一哭矣

儒林外史第四十一回

莊濯江話舊秦淮河　沈瓊枝押解江都縣

話說南京城裏每年四月半後秦淮景致漸漸好了那外江的船都下掉了樓子換上涼篷撑了進來船艙中間放一張小方金漆桌子桌上擺着宜興沙壺極細的成窰宣窰的杯子烹的上好的雨水毛尖茶那遊船的備了酒和殽饌及果碟到這河裏來游就是走路的人也買幾個錢的毛尖茶在船上煨了吃慢慢而行到天

色晚了每船兩盞明角燈一來一往映着河裏上下明亮自文德橋至利涉橋東水關夜夜笙歌不絕又有那些遊人買了水老鼠花在河內放那水花直站在河裏放出來就和一樹梨花一般每夜直到四更時纔歇國子監的武書是四月盡間生辰他家中窮請不起客杜少卿備了一席果碟沽幾觔酒叫了一隻小涼篷船和武書在河裏游游清早請了武書來在河房裏吃了飯開了水門同下了船杜少卿道正字兄

我和你先到淡冷處走走叫船家一路蕩到進香河又蕩子回來慢慢吃酒吃到下午時候兩人都微微醉了蕩到利涉橋上岸走走見馬頭上貼着一个招牌上寫道毘陵女士沈瓊枝精工顧繡寫扇作詩寓王府塘手帕巷內賜顧者幸認毘陵沈招牌便是武書看了大笑道杜先生你看南京城裏偏有許多奇事這些地方都是開私門的女人住這女人眼見的也是私門了却掛起一個招牌來豈不可笑杜少卿道這樣的事我們管他怎的且到船上去煨茶吃便同下了船不吃酒了煨起上好的茶來二人吃着閒談過了一回回頭看見一輪明月升上來照得滿船雪亮船就一直蕩上去到了月牙池見許多游船在那裏放花炮內有一隻大船掛着四盞明角燈鋪着凉篷子在船上中間擺了一席上面坐著兩个客下面主位上坐着一位頭戴方巾身穿白紗直綴脚下凉鞋黃瘦面龐淸淸疎疎三綹白鬚橫頭坐着一个少年白淨

面皮微微幾根鬍子眼張失落在船上兩邊看女人這小船走近大船跟前杜少卿同武書認得那兩个客一个是盧信侯一个是莊紹光却認不得那兩个人莊紹光看見二人立起身來道少卿兄你請過來坐杜少卿同武書上了大船主人和二位見禮便問尊姓莊紹光道此位是天長杜少卿兄此位是武正字兄那主人道天長杜先生當初有一位做贛州太守的可是貴本家杜少卿驚道這便是先君那主人道我四十年前與尊大人終日相聚敘祖親尊翁還是我的表兄杜少卿道莫不是莊濯江表叔麽那主人道豈敢我便是杜少卿道小姪當年年幼不會會過今幸會見表叔失敬了從新同莊濯江敘了禮武書問莊紹光道這位老先生可是老先生貴族莊徵君笑道這還是舍姪却是先君受業的弟子我也和他相別了四十年近日纔從淮揚來武書又問此位莊濯江道這便是小兒也過來見了禮齊坐下莊濯江叫從新

拿上新鮮酒來奉與諸位喫莊濯江就問少卿兄幾時來的寓在那裏莊紹光道他已今在南京住了八九年了尊居現在這河房裡莊濯江驚道尊府大家園亭花木甲於江北爲甚麽肯搬在這裡莊紹光便把少卿豪舉而今黄金已隨手而盡略說了幾句莊濯江不勝歎息說道還記得十七八年前我在湖廣烏衣韋四先生寄了一封書子與我說他酒量越發大了二十年來竟不得一回慟醉只有在天長賜書樓吃

了一罎九年的陳酒醉了一夜心裏快暢的緊所以三千里外寄信告訴我我彼時不知府上是那一位做主人今日說起來想必是少卿兄無疑了武書道除了他誰人肯做這一个雅東杜少卿道韋老伯也是表叔相好的莊濯江道這是我髫年的相與了尊大人少時無人不敬仰是當代第一位賢公子我至今想起形容笑貌還如在目前盧信侯又同武書談到太伯祠大祭的事莊濯江拍膝嗟歎道這樣盛典可惜

來遲了不得躬逢其盛我將來也要怎的尋一件大事屈諸位先生大家會一會我就有趣了當下四五人談心話舊一直飲到半夜在杜少卿河房前見那河裏燈火闌珊笙歌漸歇耳邊忽聽得玉簫一聲衆人道我們各自分手罷武書也上了岸去莊濯江雖年老事莊紹光極是有禮當下杜少卿在河房前過上去回家莊濯江在船上一路送莊紹光到北門橋還自已同上岸家人打燈籠同盧信侯送到莊紹光家方纔回去莊紹光留盧信侯住了一夜次日依舊

同往湖園去了莊濯江次日寫了莊潔率子非熊的帖子來拜杜少卿杜少卿到蓮花橋來回拜留着談了一日杜少卿又在後湖會着莊紹光莊紹光道我這舍姪亦非等閒之人他四十年前在泗州同人合本開典當那合本的人窮了他就把他自已經營的兩萬金和典當拱手讓了那人自已一肩行李跨一个疲驢出了泗州城這十數年來往來楚越轉徙經營又自致

數萬金纔置了產業南京來住平日極是好友敦倫替他尊人治喪不曾要同胞兄弟出過一个錢俱是他一人獨任多少老朋友死了無所歸的他就殯葬他又極遵先君當年的教訓最是敬重文人流連古蹟現今拿着三四千銀子在雞鳴山修曹武惠王廟等他修成了少卿也約衡山兄來替他做一个大祭杜少卿聽了心裏歡喜說罷辭別去了轉眼長夏已過又是新秋清風戒寒那秦淮河另是一番景致滿城的

人都叫了船請了大和尚在船上懸掛佛像鋪設經壇從西水關起一路施食到進香河十里之內降眞香燒的有如烟霧溟濛那鼓鈸梵唄之聲不絶於耳到晚做的極精緻的蓮花燈點起來浮在水面上又有極大的法船照依佛家中元地獄赦罪之說超度這些孤魂升天把一个南京秦淮河變做西域天竺國到七月二十九日清凉山地藏勝會人都說地藏菩薩一年到頭都把眼閉着只有這一夜纔睜開眼若見

滿城都擺的香花燈燭他就只當是一年到頭都是如此就歡喜這些人好善就肯保佑人所以這一夜南京人各家門戶都搭起兩張桌子來兩枝通宵風燭一座香斗從大中橋到淸涼山一條街有七八里路點得像一條銀龍一夜的亮香烟不絕大風也吹不熄傾城士女都出來燒香看會沈瓊枝住在王府塘房子裏也同房主人娘子去燒香回來沈瓊枝自從來到南京掛了招牌也有來求詩的也有來買斗方的也有來托刺綉的那些好事的惡少都一傳兩兩傳三的來物色非止一日這一日燒香回來人見他是下路打扮跟了他後面走的就有百十人莊非熊却也順路跟在後面看見他走到王府塘那邊去了莊非熊心裏有些疑惑次日來到杜少卿家說這沈瓊枝在王府塘有惡少們去說混話他就要怒駡起來此人來路甚奇少卿兄何不去看看杜少卿道我也聽見這話此時多失意之人安知其不因避難而來此地

我正要去問他當下便請莊非熊在河房看新
月又請了兩个客來一个是遲衡山一个是武
書莊非熊見了說些閒話又講起王府塘沈瓊
枝賣詩文的事杜少卿道無論他是怎樣果真
能做詩文這也就難得了遲衡山道南京城裏
是何等地方四方的名士還數不淸還那个去
求婦女們的詩文這个明明借此勾引人他能
做不能做不必管他武書道這个却奇一个少
年婦女獨自在外又無同伴靠賣詩文過日子

恐怕世上斷無此理只恐其中有甚麽情由他
既然會做詩我們便邀了他來做做看說著吃
了晚飯那新月已從河底下斜掛一鈎漸漸的
照過橋來杜少卿道正字兄方纔所說今日已
遲了明日在舍間早飯後同去走走武書應諾
同遲衡山莊非熊都别去了次日武正字來到
杜少卿家早飯後同到王府塘來只見前面一
間底矮房屋門首圍著一二十人在那裡吵鬧
杜少卿同武書上前一看裏邊便是一个十八

九歲婦人梳着下路絡鬏穿着一件寶藍紗大領披風在裡面支支喳喳的嚷杜少卿同武書聽了一聽纔曉得是人來買繡香囊地方上幾个喇子想來拿囮頭却無實跡到被他罵了一塲兩人聽得明白方才進去那些人看見兩位進去也就漸漸散了沈瓊枝看見兩人氣槩不同連忙接著拜了萬福坐定彼此談了幾句閒話武書道這杜少卿先生是此間詩壇祭酒昨日因有人說起佳作可觀所以來請教沈瓊枝

道我在南京半年多凡到我這裡來的不是把我當作倚門之娼就是疑我爲江湖之盜兩樣人皆不足與言今見二位先生既無狎玩我的意思又無疑猜我的心腸我平日聽見家父說南京名士甚多只有杜少卿先生是个豪傑這句話不錯了但不知先生是客居在此還是和夫人也同在南京杜少卿道拙荆也同寄居在河房內沈瓊枝道既如此我就到府拜謁夫人好將心事細說杜少卿應諾同武書先別了出

來武書對杜少卿說道我看這个女人實有些奇若說他是个邪貨他却不帶淫氣若是說他是人家遣出來的婢妾他却又不帶賤氣看他雖是个女流倒有許多豪俠的光景他那般輕倩的裝飾雖則覺得柔媚只一雙手指却像講究勾搬冲的論此時的風氣也未必有車中女子同那紅線一流人却怕是負氣鬬狠逃了出來的等他來時盤問盤問他看我的眼力如何說着已回到杜少卿家門首看見姚奶奶背着

花籠兒來賣花杜少卿道姚奶奶你來的正好我家今日有个希奇的客到你就在這裡看看讓武正字到河房裡坐着同姚奶奶進去和娘子說了少刻沈瓊枝坐了轎子到門首下了進來杜少卿迎進內室娘子接着見過禮坐下奉茶沈瓊枝上首杜娘子主位姚奶奶在下面陪着杜少卿坐在窗槅前彼此叙了寒暄杜娘子問道沈姑娘看你如此青年獨自一个在客邊可有个同伴的家裡可還有尊人在堂可曾許

字過人家沈瓊枝道家父歷年在外坐館先母
已經去世我自小學了些手工針黹因來到這
南京大邦去處借此餬口適承杜先生相顧相
約到府又承夫人一見如故眞是天涯知已了
姚奶奶道沈姑娘出奇的針黹昨日我在對門
葛來官家看見他相公娘買了一幅綉的觀音
送子說是買的姑娘的眞个畫兒也沒有那畫
的好沈瓊枝道胡亂做做罷了見笑的緊須臾
姚奶奶走出房門外去沈瓊枝在杜娘子面前

雙膝跪下娘子大驚扶了起來沈瓊枝便把鹽
商騙他做妾他拐了東西逃走的話說了一遍
而今只怕他不能忘情還要追踪而來夫人可
能救我杜少卿道鹽商富貴奢華多少士大夫
見了就銷魂奪魄你一个弱女子視如土芥這
就可敬的極了但他必要追踪你這禍事不遠
却也無甚大害正說着小厮進來請少卿武爺
有話要說杜少卿走到河房裏只見兩个人垂
着手站在槅子門口像是兩个差人少卿嚇了

一跳問道你們是那裡來的怎麼直到這裏邊來武書接應道是我叫進來的奇怪如今縣裏據着江都縣緝捕的文書在這裏拿人說他是宋鹽商家逃出來的一个妾我的眼色如何少卿道此刻却在我家我家與他拿了去就像是我家指使的傳到揚州去又像我家藏留他他逃走不逃走都不要緊這个倒有些不妥帖武正字道小弟先叫差人進來正爲此事此刻少卿兄莫若先賞差人些微銀子叫他仍舊到王

府塘去等他自已回去再做道理拿他少卿依着武書賞了差人四錢銀子差人不敢違拗去了少卿復身進去將這一番話向沈瓊枝說了娘子同姚奶奶倒吃了一驚沈瓊枝起身道這个不妨差人在那裡我便同他一路去少卿道差人我已叫他去了你且用了便飯武先生還有一首詩奉贈等他寫完當下叫娘子和姚奶奶陪着吃了飯自已走到河房裏檢了自已刻的一本詩集等著武正字寫完了詩又稱了四

兩銀子封做程儀叫小厮交與娘子送與沈瓊枝收了沈瓊枝告辭出門上了轎一直回到手帕巷那兩个差人已在門口攔住說道還是原轎子抬了走還是下來同我們走進去是不必的了沈瓊枝道你們是都堂衙門的是巡按衙門的我又不犯法又不打欽案的官司那裡有个攔門不許進去的理你們這般大驚小怪只好嚇那鄉裡人說着下了轎慢慢的走了進去兩个差人倒有些讓他沈瓊枝把詩同銀子收

在一个首飾匣子裡出來叫轎夫你抬我到縣裡去轎夫正要添錢差人忙說道千差萬差來人不差我們清早起就在杜相公家伺候了半日畱你臉面等你轎子回來你就是女人難道是茶也不吃的沈瓊枝見差人想錢也只不理添了二十四个轎錢一直就抬到縣裡來差人没奈何走到宅門上回稟道拏的那个沈氏到了知縣聽說便叫帶到三堂回話帶了進來知縣看他容貌不差問道既是女流爲甚麽不守

閨範私自逃出又偷竊了宋家的銀兩潛踪在本縣地方做甚麽沈瓊枝道宋爲富強佔良人爲妾我父親和他涉了訟他買囑知縣將我父親斷輸了這是我不共戴天之仇況且我雖然不才也頗知文墨怎麽肯把一个張耳之妻去事外黃傭奴故此逃了出來這是眞的知縣道你這些事自有江都縣問你我也不管你既會文墨可能當面做詩一首沈瓊枝道請隨意命一个題原可以求教的知縣指着堂下的槐樹

說道就以此爲題沈瓊枝不慌不忙吟出一首七言八句來又快又好知縣看了賞鑑隨叫兩个原差到他下處取了行李來當堂查點翻到他頭面盒子裡一包碎散銀子一个封袋上寫着程儀一本書一个詩卷知縣看了知道他也和本地名士倡和簽了一張批備了一角關文吩咐原差道你們押送沈瓊枝到江都縣一路須要小心不許多事領了回批來繳那知縣與江都縣同年相好就密密的寫了一封書子裝

入關文内托他開釋此女斷還伊父另行擇壻此是後事不題當下沈瓊枝同兩个差人出了縣門僱轎子抬到漢西門外上了儀徵的船差人的行李放在船頭上鎖伏板下安歇沈瓊枝搭在中艙正坐下凉篷小船上又蕩了兩个堂客來搭船一同進到官艙沈瓊枝看那兩个婦人時一个三十六七的光景一个十七八歲喬素打扮做張做致的跟着一个漢子酒糟的一副面孔一頂破氊帽坎齊眉毛挑過一担行李

來也送到中艙裏兩婦人同沈瓊枝一塊兒坐下問道姑娘是到那裡去的沈瓊枝道我是揚州和二位想也同路中年的婦人道我們不到揚州儀徵就上岸了過了一會船家來稱船錢兩个差人啐了一口拏出批來道你看這是甚麽東西我們辦公事的人不問你要貼錢就彀了還來問我們要錢船家不敢言語向別人稱完了開船到了燕子磯一夜西南風清早到了黃泥灘差人問沈瓊枝要錢沈瓊枝道我昨日

聽得明白你們辦公事不用船錢的差人道沈姑娘你也太拿老了叫我們管山吃山管水吃水都像你這一毛不拔我們喝西北風沈瓊枝聽了說道我便不給你錢你敢怎麼樣走出船艙跳上崖去兩隻小脚就是飛的一般竟要自已走了去兩个差人慌忙搬了行李赶着扯他被他一个四門斗里打了一个仰八叉扒起來同那个差人吵成一片吵的船家同那戴破氊帽的漢子做好做歹雇了一乘轎子兩个差人

跟着去了那漢子帶着兩个婦人過了頭道閘一直到豐家巷來覿面迎着王義安叫道細姑娘同順姑娘來了李老四也親自送了來南京水西門近來生意如何李老四道近來被淮清橋那些開三觜行的擠壞了所以來投奔老爺王義安道這樣甚好我這里正少兩个姑娘當下帶着兩个婊子回到家裡一進門來上面三間草房都用蘆蓆隔着後面就是厨房厨房裡一个人在那裡洗手看見這兩个婊子進來歡

窩的要不的只因這一番有分教烟花窟裡惟憑行勢誇官筆墨叢中偏去眠花醉柳畢竟後事如何且聽下回分解

名士忽風流帶出一分脂粉氣然絕不向綺羅叢中細寫其柔筋脆骨也想英姿颯爽自是作者本來面目故化作女兒身爲大千說法耶